AF463246

28. Mars 1776.

159.

RÈGLEMENT

Concernant les nouvelles Écoles Royales militaires.

Du 28 Mars 1776.

DE PAR LE ROI.

SA MAJESTÉ ayant jugé à propos par sa Déclaraion du 1.er février dernier, de donner une nouvelle forme aux établissemens fondés par le feu Roi son Aïeul, pour l'éducation d'une partie de la jeune Noblesse pauvre de son royaume; & voulant remplir le projet qu'Elle a annoncé par sadite Déclaration, d'améliorer & de simplifier cette éducation, & d'en faire partager les avantages à toute la Noblesse, ainsi qu'à ses autres sujets, Elle s'est déterminée à répartir les Élèves jeunes Gentilshommes en diverses provinces de son royaume, dans différens Colléges ou Pensionnats, tenus par des Ordres religieux & par des Congrégations ecclésiastiques; Elle a lieu de se promettre que les Supérieurs & Instituteurs desdits Colléges & Pensionnats, concourront par leurs efforts, au succès de ses vues, & que leur zèle justifiera la marque d'estime qu'Elle leur donne, en leur confiant l'éducation d'une portion de ses Sujets, qui lui est aussi chère : Et Sa Majesté voulant fixer & déterminer tout ce qui a rapport à son nouveau plan, Elle a ordonné & ordonne ce qui suit :

TITRE I.er

Disposition & formation des nouvelles Écoles militaires.

ARTICLE PREMIER.

Les Élèves jeunes Gentilshommes seront répartis à l'avenir dans les dix Maisons suivantes que Sa Majesté a honorées de son choix :

SAVOIR;

COLLÉGES de	DIOCÈSES.	TENUS par les
SOREZE........	LAVAUR........	Bénédictins.
BRIENNE.......	TROYES........	Minimes.
TIRON.........	CHARTRES......	Bénédictins.
REBAIS........	MEAUX.........	*Idem.*
BEAUMONT......	LISIEUX.......	*Idem.*
PONT-LE-VOY....	BLOIS.........	*Idem.*
VENDÔME.......	BLOIS.........	Oratoriens.
EFFIAT........	CLERMONT......	*Idem.*
PONT-À-MOUSSON...	TOUL..........	Chanoines réguliers du Sauveur.
TOURNON.......	VALENCE.......	Oratoriens.

Ces deux derniers Colléges ne seront établis qu'au mois d'Octobre prochain ; & dans le cas où Sa Majesté jugeroit à propos de porter jusqu'à douze le nombre desdits Colléges, Elle se fera rendre compte des mémoires qui lui ont été présentés en faveur des colléges d'Auxerre & de Dôle.

2.

LESDITS Colléges devant remplir l'objet des établiſſemens de l'ancienne École militaire, tant à Paris qu'à la Flèche, & l'inſtitution de ladite École, ſubſiſtant en effet partiellement dans chacun deſdits Colléges, l'intention de Sa Majeſté eſt que ces Colléges portent à l'avenir le nom d'*École royale militaire*, & que ce titre ſoit inſcrit ſur la porte principale deſdits Colléges.

3.

VEUT Sa Majeſté que le Secrétaire d'État ayant le département de la guerre, exerce la ſurintendance deſdites Écoles, avec le même pouvoir qu'il avoit ci-devant ſur l'École militaire de Paris & le collége royal de la Flèche.

4.

SA MAJESTÉ ayant eu en vue, en choiſiſſant des Colléges ſitués en diverſes provinces de ſon royaume, de tenir les Élèves plus à portée de leurs familles, & de diminuer à ces familles les frais néceſſaires pour les y conduire, Elle veut qu'on ait égard, tant dans la répartition des Élèves actuels de l'École militaire, que dans celle des Élèves qui y ſeront admis à l'avenir, à la proximité deſdits Colléges, du lieu de naiſſance ou de domicile des enfans admis.

5.

LORSQUE les établiſſemens deſdits Colléges ſeront entièrement formés, les Élèves que Sa Majeſté juge à propos d'entretenir à l'avenir, y ſeront répartis de manière qu'il n'y ait jamais dans chacun d'eux, moins de cinquante & plus de ſoixante Élèves; à l'exception toutefois de celui de ces Colléges, où, ſuivant ce qui ſera dit ci-après, Elle compte établir le concours annuel des Élèves deſtinés à être placés dans les Cadets-gentilshommes, la forme de ce concours exigeant que l'établiſſement de ce Collége ſoit plus conſidérable.

6.

SA MAJESTÉ a arrêté avec les Supérieurs & Principaux desdits Colléges, lesquels ont stipulé pour leurs Ordres & Congrégations, qu'Elle leur feroit payer pour chacun des Élèves qu'Elle y placeroit, une pension annuelle de sept cents livres, moyennant lesquelles sept cents livres ils se chargeroient de loger les Élèves, chacun dans une chambre séparée, de les nourrir, de les habiller d'un habit uniforme, tel qu'il sera ci-après réglé; de leur enseigner & faire enseigner l'Écriture, les langues Françoise, Latine & Allemande, l'Histoire, la Géographie, les Mathématiques, le Dessin, la Danse, la Musique, l'Escrime en fait d'armes; & de les entretenir sains & malades, sans qu'il puisse être fait pour leur entretien & instruction, aucune demande au-delà desdites sept cents livres, sous quelque prétexte que ce soit.

7.

LA première fourniture des effets avec lesquels les enfans devront arriver, ne devant point être aux frais desdits Colléges, il sera réglé ci-après, en quoi elle consistera, & par qui elle sera faite. Il en sera de même des frais d'arrivée aux Colléges, qui ne seront point à la charge desdits Colléges, & des ports de lettres adressées aux Élèves; ces trois objets de dépense exceptés, tout le reste de l'entretien, comme livres, papier, plumes, encre, poudre, instrumens de Mathématiques, instrumens de Musique, fleurets, Prix, récompenses, & même les menus-plaisirs, lesquels seront fixés à vingt sous par mois pour les Élèves, jusqu'à l'âge de douze ans, & à quarante sous pour les Élèves de l'âge de douze ans & au-dessus, seront à la charge des Colléges; & ils ne pourront à ces titres, rien demander à Sa Majesté ni aux familles, sous quelque prétexte que ce soit.

8.

SA MAJESTÉ a bien voulu accorder auxdits Colléges pour

28. Mars 1776.

pour les aider à ſubvenir aux premiers frais de l'établiſſement, ſoit relativement à la conſtruction des bâtimens qu'ils feront obligés de faire, ſoit relativement aux autres dépenſes, un don de trois mois de penſion ſur le pied de cinquante Élèves à chacun d'eux; quoique dans le moment actuel, ce nombre ne doive pas y être placé, le payement de ce quartier leur ſera fait des fonds de la fondation, en vertu des ordres du Secrétaire d'État au département de la guerre.

9.

LA penſion des Élèves effectifs qui ſeront envoyés dans leſdits Colléges lors de l'évacuation de l'établiſſement de Paris & de la Flèche, courra à compter du 1.er Avril, & leur ſera payée d'avance ſur les mêmes ordres & ſur les mêmes fonds, dans la ville la plus voiſine deſdits Colléges; & les quartiers ſuivans continueront de leur être payés également d'avance & de la même manière. A cet effet, les Supérieurs & Principaux de chaque Collége, enverront le 15 du dernier mois de chaque quartier, au Secrétaire d'État ayant le département de la guerre, l'état de ſituation du nombre d'Élèves de leurs Colléges, afin qu'il puiſſe en conſéquence arrêter les états de payement, pour le nombre préſent & effectif des Élèves.

10.

VEUT bien Sa Majeſté, que ſi, pendant la durée d'un quartier, un des Élèves dont la penſion auroit été payée, venoit à mourir, l'excédant de penſion qu'auroit touché ledit Collége ne lui ſoit point retenu dans le décompte du quartier ſuivant; mais au moyen de cet arrangement, les Colléges ſeront chargés des frais d'enterrement.

11.

SA MAJESTÉ voulant traiter favorablement leſdits Colléges & les aider dans la formation de leurs établiſſemens, Elle leur fera indépendamment du don réglé par un des articles ci-deſſus, diſtribuer par égale portion, les meubles & uſtenſiles qui ſe trouveront dans les deux établiſſemens des Écoles militaires de Paris & de la Flèche : Voulant cependant Sa Majeſté qu'au préalable, il ſoit réſervé ſur les meubles de la Flèche pour le nouveau Collége qu'Elle ſe propoſe d'y établir, les meubles néceſſaires pour deux cents Élèves; & n'entendant au ſurplus Sa Majeſté comprendre dans ce don de meubles qu'Elle veut bien faire aux nouveaux Colléges militaires, que ce qui peut être à l'uſage des Élèves; comme lits, tables, chaiſes, livres, linge de corps & de table, uſtenſiles de cuiſine & autres qui étoient à l'uſage des Élèves dans les deux établiſſemens, le tout d'après les inventaires qui en auront été dreſſés avant leur évacuation.

Il ſera donné au Collége dans lequel ſeront établis les concours annuels, une double part de ces meubles, eu égard à l'établiſſement plus conſidérable auquel ce Collége ſera aſſujetti.

12.

Les bâtimens que les Supérieurs & Principaux des Colléges feront diſpoſer ou bâtir à neuf pour le logement des Élèves, ſeront diſtribués de manière à remplir ſtrictement la condition ſtipulée dans les conventions qui ont été faites relativement au logement deſdits Élèves, c'eſt-à-dire que chacun de ces Élèves aura une chambre ou cellule ſéparée qui fermera à clé; & leſdits Élèves occuperont à eux ſeuls le bâtiment ou la partie de bâtiment qui leur aura été affectée, de manière à pouvoir être plus facilement ſurveillés. Ils ſeront d'ailleurs confondus, pour tout ce qui concerne l'éducation, avec les autres Penſionnaires dont il ſera parlé ci-après.

13.

L'intention de Sa Majeſté, dans la diſperſion des Élèves de l'ancienne École militaire en divers Colléges ou Penſionnaires, étant de leur procurer, en les mêlant avec des enfans des autres claſſes de citoyens, le plus précieux avantage de l'éducation publique, celui de ployer

28. Mars 1776.

les caractères, d'étouffer l'orgueil que la jeune Nobleſſe eſt trop aiſément diſpoſée à confondre avec l'élévation, & d'apprendre à conſidérer ſous un point de vue juſte, tous les ordres de la ſociété : Elle a ſoumis les Supérieurs & Principaux de ces Colléges, dans les conventions qu'Elle a fait paſſer avec eux, à y recevoir un nombre d'autres Penſionnaires au moins égal à celui des Élèves qu'Elle y placera.

14.

En même-temps que Sa Majeſté a eu en vue dans les conventions ci-deſſus énoncées, l'avantage des Élèves dont Elle s'eſt chargée; Elle a eu pour objet de faire participer à l'éducation améliorée qui ſe donnera dans les nouveaux Colléges, les enfans de tous ſes ſujets que leurs familles voudront y placer; & Elle a exigé en conſéquence des Supérieurs & Principaux deſdits Colléges, que les autres Penſionnaires ſeroient ſoumis à la même diſcipline, aux mêmes règlemens, aux mêmes méthodes d'inſtruction que les Élèves militaires; qu'ils ſeroient aſſujettis à porter le même uniforme, & qu'il n'y auroit enfin entr'eux aucune différence : N'entendant cependant pas Sa Majeſté qu'à raiſon de cette conformité, dans leur entretien & dans leur éducation, les Supérieurs & Principaux deſdits Colléges puiſſent hauſſer le prix de leurs penſionnats actuels, & à plus forte raiſon excéder le prix fixé pour ſes Élèves : voulant au contraire Sa Majeſté qu'au moyen de l'augmentation de revenu que vont recevoir leſdits Colléges, ils continuent de recevoir, aux prix accoutumés, des Penſionnaires de tous états, & qu'ils s'attachent à remplir par-là la condition portée dans l'article précédent, ſans l'obſervation de laquelle le plan de Sa Majeſté ſe trouveroit imparfaitement ſuivi.

15.

Afin que Sa Majeſté puiſſe juger du ſuccès des meſures priſes ci-deſſus, & du zèle avec lequel les Colléges auront concouru à les remplir, les Supérieurs & Principaux defdits Colléges feront tenus d'envoyer tous les trois mois au Secrétaire d'État de la guerre, en même temps que l'état de fituation des Élèves militaires, un état du nombre des autres Penfionnaires; & il fera établi ci-après dans le préfent règlement, des moyens d'exciter l'émulation parmi ceux de ces Penfionnaires qui pourront prétendre, par leur naiffance, à entrer dans les Cadets-gentilshommes des troupes de Sa Majefté.

TITRE II.

Admiffion & envoi des Élèves dans les nouvelles Écoles militaires.

ARTICLE PREMIER.

Le nombre des Élèves que Sa Majefté entretiendra à l'avenir dans les nouvelles Écoles militaires, fera de fix cents, au lieu de celui de cinq cents, qui étoit réglé par l'Édit de fondation.

2.

La durée de l'éducation des Élèves, ne pourra jamais être de moins de fix ans pour ceux qui entreront dans les Colléges aux âges de huit & neuf ans; ces Élèves ne feront envoyés aux concours annuels pour fubir les examens ci-après ordonnés, que lorfque les fix années de leur éducation feront complètes.

Les Élèves qui entreront à l'âge de dix ou onze ans, & même ceux qui fe trouvant dans la claffe des orphelins, pourront, fuivant l'article XV de l'Édit de création de l'École militaire, y être admis jufqu'à l'âge de treize, ne feront point affujettis à compléter les fix ans fixés ci-deffus pour la durée de l'éducation fi des progrès marqués, foit par rapport à leur âge, ou aux connoiffances antérieures qu'ils pourroient avoir acquifes, les mettent dans le cas d'en être difpenfés, ce dont les Supérieurs & Principaux

des

28. Mars 1776.

des Colléges rendront compte au Secrétaire d'Etat ayant le département de la guerre.

3.

CONFORMÉMENT au même article XV de l'Édit de création de l'École militaire, aucun enfant ne pourra être admis, en qualité d'Élève, qu'il ne ſache lire & écrire, afin de pouvoir être appliqué tout de ſuite à l'étude des langues: les enfans ſubiront à cet égard un examen le jour de leur arrivée aux Colléges; & ceux d'entre eux qui ſeront reconnus n'être pas aſſez inſtruits ſur les deux points ci-deſſus ordonnés, ſeront laiſſés à leurs familles pour n'être admis qu'au remplacement de l'année ſuivante.

4.

CONFORMÉMEMT à l'article XVII du même Édit, il ne ſera propoſé ni reçu aucun Élève qui ſoit eſtropié ou contrefait.

5.

SA MAJESTÉ confirme tous les règlemens qui ont été faits par le feu Roi ſon Aïeul, relativement à l'admiſſion des Élèves, aux preuves de nobleſſe exigées, à la forme & à l'ancienneté de ces preuves, aux différentes claſſes établies pour déterminer l'ordre de préférence à accorder aux enfans propoſés, & enfin toutes les diſpoſitions énoncées dans l'Édit de création du mois de janvier 1751, dans la Déclaration du feu Roi du 24 août 1760, & dans les Mémoires inſtructifs qui ont été dreſſés en conſéquence, ſur ce que doivent obſerver les parens pour propoſer leurs enfans à l'École militaire.

Veut Sa Majeſté que les familles continuent d'adreſſer leurs preuves & papiers généalogiques, dans la forme accoutumée, au ſieur d'Hozier de Serigny, que Sa Majeſté confirme dans les fonctions de Commiſſaire pour les preuves de nobleſſe des Élèves des Écoles militaires.

6.

SA MAJESTÉ renouvelle particulièrement les diſpoſitions

de l'article VII de la susdite Déclaration, par lequel il étoit ordonné qu'il ne seroit reçu dans l'École militaire, aucun enfant dont les parens pourroient se passer de ce secours pour leurs familles; & afin qu'aucune contravention à cet égard ne nuise aux vœux respectables du Fondateur, qui a eu pour objet le soulagement de la Noblesse pauvre, Elle ordonne que les certificats qui, conformément aux articles VII & VIII de la Déclaration ci-dessus mentionnée, doivent être constatés par les sieurs Intendans des Généralités & par deux des Gentilshommes les plus voisins du domicile des parens des enfans proposés, soient de plus attestés par les Gouverneurs des provinces où ledit domicile sera situé, si lesdits Gouverneurs y résident, ou à leur défaut par les Commandans desdites provinces, ainsi que par l'Évêque diocésain: Invite Sa Majesté les uns & les autres, à répondre à cette marque de sa confiance, en regardant comme un devoir d'empêcher les surprises qui pourroient lui être faites.

7.

Le remplacement des Élèves qui, ayant terminé leur éducation, sortiront des Colléges pour être envoyés aux concours, & de-là placés dans les Troupes de Sa Majesté, ne se fera qu'une fois par an, du 1.er au 15 Septembre: époque à laquelle les anciens Élèves partiront pour se rendre au concours.

8.

Le Secrétaire d'État ayant le département de la guerre, préviendra dans le mois de Juillet, les familles dont les enfans auront été agréés par Sa Majesté, afin que lesdites familles aient le temps de se disposer à les envoyer aux Colléges dans lesquels ils devront être reçus; & il enverra en même temps aux Supérieurs & Principaux des Colléges, l'état des Élèves qui devront leur être donnés en remplacement.

9.

Les familles se chargeront de faire conduire à leurs

28. Mars 1776.

frais, leurs enfans aux Colléges qui leur auront été indiqués, & la lettre qui leur aura été écrite par le Secrétaire d'État ayant le département de la guerre, sera le titre de ces enfans pour y être admis. Elles prendront leurs mesures de manière que leurs enfans y soient rendus le 15 de Septembre au plus tard.

10.

LES familles seront obligées de pourvoir à la première fourniture nécessaire pour l'équipement & l'établissement de leurs enfans dans les Colléges; mais cette fourniture ne sera proprement qu'une avance qu'elles feront à leurs enfans, les Colléges devant à leur tour, ainsi qu'il sera dit ci-après, équiper à leurs frais complètement, les Élèves lorsqu'ils sortiront pour être envoyés au concours, & de-là placés dans les Troupes de Sa Majesté.

11.

CETTE première fourniture à faire par les familles, consistera en

Un surtout de drap bleu:
Un habit de drap bleu, paremens rouges & boutons blancs:
Deux vestes bleues:
Deux culottes noires:
Douze chemises:
Douze mouchoirs:
Six cravates ou mouchoirs de cou:
Six paires de bas:
Six bonnets de nuit:
Deux peignoirs:
Deux chapeaux:
Deux paires de souliers:
Deux peignes:
Un ruban de queue:
Un sac à poudre.

12.

Au moyen de cette première fourniture, les Familles n'auront plus à leur charge aucuns frais pour leurs enfans, à l'exception de leurs ports de lettres; leſdits enfans devant être entretenus de tous points par les Colléges pendant la durée de leur éducation, & équipés par leſdits Colléges à leur ſortie, de la même quantité d'effets qui auront été reçus en entrant, & enſuite conduits aux dépens du Roi, dans les régimens où ils ſeront placés Cadets-gentils-hommes.

TITRE III.

De l'Éducation des Élèves.

Article premier.

Sa Majesté voulant que l'éducation ſoit uniforme dans les diverſes Écoles militaires, Elle enjoint aux Inſtituteurs de ſe conformer exactement au plan d'éducation qu'Elle a fait adreſſer aux Principaux des Colléges, deſtinés à recevoir les Élèves jeunes Gentilshommes.

2

Pour aſſurer l'uniformité des méthodes d'inſtruction, & mettre par cette uniformité, les Élèves des différens Colléges, dans le cas de concourir enſemble, lors des examens auxquels ils ſeront aſſujettis avant d'entrer dans les Cadets-Gentilshommes, Sa Majeſté a fait choix de différentes perſonnes pour compoſer, à l'uſage deſdits Colléges, des livres élémentaires de Langues, d'Hiſtoire, de Géographie, de Mathématique, de Morale & de Logique, dans la forme qui lui a paru la plus propre à ſimplifier l'enſeignement, & à faciliter les examens; & ſon intention eſt que lorſqu'Elle aura approuvé leſdits ouvrages, ils ſervent à diriger l'inſtruction des Élèves, ſans que les Supérieurs & Principaux des Colléges, puiſſent

y faire

y faire, ni souffrir qu'il y soit fait aucuns changemens, si ce n'est de l'ordre de Sa Majesté.

Ordonne Sa Majesté aux Supérieurs & Principaux desdits Collèges, d'adresser tous les ans au Secrétaire d'État ayant le département de la guerre, & à ce titre la surintendance desdites Écoles, les observations que leur expérience & leurs lumières les auront mis dans le cas de faire sur lesdits ouvrages élémentaires; & Elle assigne par le présent Règlement, un fonds annuel de six mille livres, à prendre sur les revenus de l'École militaire, pour être employé à récompenser les personnes qu'Elle chargera de perfectionner les ouvrages relatifs à l'instruction des Élèves, & aux frais d'impression desdits ouvrages; son intention étant d'en faire la première fourniture aux Colléges, lesquels seront ensuite chargés de pourvoir au remplacement de leur consommation.

3.

L'INTENTION de Sa Majesté est que lorsque ces objets auront été remplis, l'excédant ou la totalité de ce fonds annuel de six mille livres, soit employé à former successivement dans chaque Collége, une bibliothèque à l'usage des Élèves, ainsi qu'un cabinet de Physique & de Mécanique, suffisant pour les principales expériences & démonstrations, desquelles on pourra faire un objet de récréation & de récompenses pour les Élèves qui annonceront le plus d'intelligence, & auront le plus avancé dans les autres parties de leur éducation, dont on devra s'occuper par préférence : ces bibliothèques & cabinets étant achetés des fonds de la fondation de l'École militaire, n'appartiendront point aux Colléges.

4.

POUR que l'achat & le remplacement des différens ouvrages élémentaires qui seront composés par ordre de Sa Majesté, soient moins à charge aux Colléges, & qu'aucune vue d'économie sur cet objet, ne nuise à la facilité de l'instruction des Élèves, qui devront avoir chacun un exemplaire desdits ouvrages, il sera pris des mesures pour qu'ils soient imprimés au plus bas prix possible, & il en sera arrêté un tarif qui sera envoyé à chaque Collége.

5.

Sa Majesté s'en remet aux différens Ordres religieux ou Congrégations ecclésiastiques, dont dépendent les Colléges, du choix des Supérieurs & Principaux desdits Colléges, ainsi que de celui des Professeurs & des Maîtres; se réservant, Sa Majesté, de les obliger à les changer, si, d'après les comptes qui lui en seront rendus, il paroît que l'éducation des Élèves soit en souffrance, par la faute desdits Supérieurs, Principaux, ou Maîtres.

6.

Il sera donné chaque année, au nom de Sa Majesté, quatre médailles d'or, de la valeur de cent cinquante livres chacune, lesquelles seront remises par l'Inspecteur général des Écoles militaires, à quatre des Professeurs ou Maîtres du Collége, dont les Elèves auront eu le plus de succès au concours; lesdites médailles porteront d'un côté le buste du Roi, & de l'autre, l'inscription suivante, *Prix de bon Instituteur :* Et Sa Majesté sentant combien la perfection de l'éducation dans les nouveaux Colléges, dépendra du bon choix des Professeurs & des Maîtres, & voulant attirer, dans ces emplois importans, des Instituteurs éclairés & qui mettent leur gloire au succès des Élèves, Elle se réserve d'accorder des encouragemens & des récompenses utiles & honorables, aux Supérieurs, Principaux, Maîtres & Régens, dont les Élèves se seront distingués au concours annuel; & seront lesdites récompenses & encouragemens, accordés par Sa Majesté, sur le compte qui lui en sera rendu par les Inspecteurs & Examinateurs dudit concours.

166.

28. Mai 1776.

TITRE IV.

Établissement d'un Concours annuel, & répartition des Élèves dans les Régimens, en qualité de Cadets-gentilshommes.

ARTICLE PREMIER.

IL sera établi un concours annuel pour l'examen des Élèves destinés à être placés dans les Cadets-gentilshommes, & ce concours se fera dans le Collége de Brienne en Champagne, qui se trouve le plus au centre du royaume.

2.

LE premier concours n'aura lieu qu'en 1778, lorsque le nombre des Élèves se trouvera complet.

3.

LES Principaux des Colléges adresseront chaque année, au mois de Juillet, au Secrétaire d'État ayant le département de la guerre; & à commencer au mois de Juillet 1777, un état nominatif des Élèves, qui ayant achevé le temps fixé pour leur éducation, seront en état d'être envoyés au concours.

4.

LE concours se fera tous les ans dans les premiers jours de Septembre, en présence de l'Inspecteur général & du Sous-inspecteur des nouvelles Écoles militaires, aidés de deux Examinateurs, gens de Lettres, qui seront choisis par le Secrétaire d'État ayant le département de la guerre, & qui recevront chacun douze cents livres de gratification, devant d'ailleurs être nourris & logés aux dépens de la fondation de l'École militaire, pendant le temps du concours.

5.

IL sera adressé à l'Inspecteur général & au Sous-inspecteur, ainſi qu'aux Examinateurs, une inſtruction ſur la méthode des examens; & les Supérieurs des Colléges ſeront prévenus de ladite méthode.

6.

SA MAJESTÉ fera connoître ſes intentions ſur les moyens à employer pour faire conduire au collége de Brienne, les Elèves des autres Colléges, qui devront être préſentés au concours, & ſur le traitement qui ſera accordé audit collége de Brienne, en raiſon de la dépenſe extraordinaire que les concours annuels occaſionneront à ce Collége.

7.

L'INSPECTEUR général n'admettra, pour être placés dans les Cadets-gentilshommes, que ceux des Élèves préſentés au concours, dont il jugera, avec les Examinateurs, l'éducation ſuffiſamment perfectionnée; & ceux qui n'auront pas mérité d'être admis pour Cadets-gentilshommes, reſteront dans le collége de Brienne pour y ſubir un nouvel examen l'année ſuivante.

8.

SI lors de ce ſecond examen, quelques-uns des mêmes Élèves, pour cauſe d'inaptitude, d'inapplication ou de mauvaiſe conduite, n'étoient pas jugés capables d'être placés en qualité de Cadets-gentilshommes dans les Troupes de Sa Majeſté, l'Inſpecteur général en rendra compte au Secrétaire d'État ayant le département de la guerre, qui, ſur ſon atteſtation viſée des Examinateurs & du Principal du collége de Brienne, prendra les ordres de Sa Majeſté, pour que les familles auxquelles ces Élèves appartiendront, aient à les renvoyer chercher à leurs frais, pour les retirer du collége de Brienne.

9.

POUR exciter l'émulation entre les Élèves, & les engager à répondre aux vues paternelles & bienfaiſantes de Sa Majeſté, Elle veut bien accorder aux quatre Élèves qui

28. Mars 1776.

qui auront remporté les quatre premiers Prix, dans le concours, au jugement de l'Inſpecteur général, du Sous-inſpecteur, & des Examinateurs, les penſions ſuivantes: ſavoir, aux deux premiers, une de cent cinquante livres; & aux deux autres, une de cent livres, dont ils jouiront juſqu'à ce qu'ils aient été faits Capitaines au ſervice de Sa Majeſté; & ce, ſans préjudice aux penſions qui leur ſeront données comme Élèves, ainſi qu'il ſera dit ci-après. Sa Majeſté leur accorde en même temps la Croix de Chevalier-novice de l'Ordre de Saint-Lazare, telle que l'avoient ci-devant les Élèves de l'ancienne École militaire, & ladite croix leur ſera remiſe par l'Inſpecteur ou le Sous-inſpecteur général. Voulant au ſurplus Sa Majeſté, que leſdits Chevaliers-novices ſe conforment à l'Ordonnance de 1761, concernant les Gentilshommes Élèves de l'École militaire admis dans ledit Ordre; veut pareillement Sa Majeſté, que ſi leſdits Élèves venoient à quitter ſon ſervice, par quelque cauſe que ce ſoit, avant d'être Capitaines, leſdites penſions de cent cinquante livres ou de cent livres ceſſent de leur être payées.

10.

LES Élèves qui n'ayant point été admis dans les Cadets-Gentilshommes, l'année de leur arrivée au concours, ſeront obligés de ſubir un examen l'année ſuivante, ne pourront point prétendre aux penſions & croix de Saint-Lazare, accordées par l'article précédent.

11.

L'INSPECTEUR général mettra aux examens des Élèves, & à la diſtribution des Prix, toute la publicité & tout l'appareil qu'il jugera propres à faire impreſſion ſur l'eſprit des Élèves, & à exciter l'émulation des Principaux & des Maîtres. Il diſtribuera en même temps à ces derniers les médailles qui leur auront été adjugées, d'après le ſuccès de leurs Élèves.

12.

LES Élèves, qui après les examens ci-deſſus ordonnés,

devront être placés dans les Cadets-gentilshommes des Troupes de Sa Majesté, seront répartis dans l'Infanterie, la Cavalerie & les Dragons, suivant les dispositions qu'ils paroîtront annoncer par leur taille & leur constitution, à l'un ou à l'autre de ces espèces de service; & cette répartition se fera par l'Inspecteur, ou à son défaut, par le Sous-inspecteur général, d'après les instructions qu'il aura reçues à cet égard du Secrétaire d'État ayant le département de la guerre, conséquemment au nombre de places de Cadets-gentilshommes vacantes dans chaque régiment.

13.

CEUX d'entr'eux qui dans le cours de leurs études, auront fait le plus de progrès dans les Mathématiques & dans le Dessin, seront envoyés à l'école de Mézières ou à celle de la Fère, où ils se perfectionneront dans les études relatives au Génie ou à l'Artillerie, & d'où ils seront placés Ingénieurs ou Sous-lieutenans d'Artillerie, après les examens ordinaires.

14.

SA MAJESTÉ veut bien continuer d'accorder à chacun des Élèves de ses nouvelles Écoles militaires, qui sera placé dans les Cadets-Gentilshommes de ses Troupes, une pension de deux cents livres, exempte de toute retenue, laquelle leur sera payée à compter du jour qu'ils entreront dans lesdits Cadets, & dont ils continueront de jouir pendant qu'ils seront Sous-lieutenans, & jusqu'à ce qu'ils soient Lieutenans; mais Elle n'accordera plus à l'avenir de croix de Saint-Lazare qu'à ceux des Élèves qui auront remporté des Prix aux concours, conformément à l'article 9.

15.

LES susdites pensions de deux cents livres, seront payées sur les fonds de l'École militaire, & les ordonnances en seront adressées par le Secrétaire d'État ayant le département de la guerre, aux États-majors des régimens où seront placés les Élèves; & à cet effet, les États-majors seront tenus d'adresser chaque année, audit Secrétaire d'État, des certificats de vie desdits Élèves.

16.

SA MAJESTÉ voulant faire participer aux avantages du système d'éducation qu'Elle établit par le présent Règlement, les familles de sa Noblesse que leur fortune met dans le cas de se passer de son secours pour élever leurs enfans, & les engager à concourir avec Elle, à l'amélioration des nouveaux Colléges; Elle permet à celles de ces familles qui placeront leurs enfans dans lesdits Colléges, de les amener ou envoyer au même âge que ses Élèves, aux concours annuels, & Elle veut que ces jeunes gens y soient admis aux examens; & sur le compte qui lui sera rendu de l'examen & des progrès desdits Élèves étrangers, Elle en placera tous les ans, un certain nombre dans les Cadets-gentilshommes de ses Troupes.

17.

LES parens desdits Élèves étrangers, qui desireront envoyer leurs enfans aux concours annuels, seront tenus d'en demander la permission au Secrétaire d'État ayant le département de la guerre, en lui adressant les mêmes preuves qui sont exigées pour être admis dans le nombre des Cadets-gentilshommes, & d'après la vérification desdites preuves, cette permission leur sera accordée.

18.

EN admettant lesdits Élèves étrangers aux concours, Sa Majesté n'entend se charger d'aucuns frais de voyage pour lesdits Élèves, ni de ceux de logement & de nourriture, pendant qu'ils assisteront aux concours; mais Sa Majesté se promet du zèle que les Supérieurs & Principaux du collége de Brienne apporteront à entrer dans ses vues, qu'ils recevront de gré à gré lesdits Élèves externes, au même prix que celui qui sera réglé pour ses propres Élèves, pendant le temps du concours.

N'entend auſſi Sa Majeſté, que leſdits Élèves étrangers, participent aux penſions & croix de Saint-Lazare, aſſignées pour Prix à ſes Élèves.

19.

A la fin du concours, l'Inſpecteur général remettra aux Élèves qui devront entrer dans les Cadets-gentilshommes, leurs lettres pour y être admis; & à cet effet, leſdites lettres lui auront été adreſſées à l'avance par le Secrétaire d'État ayant le département de la guerre, pour être par lui remplies du nom des Élèves.

20.

LES Élèves admis dans les Cadets-gentilshommes, partiront immédiatement après le concours, pour ſe rendre aux régimens dans leſquels ils devront entrer, & les frais de leur voyage ſeront payés par Sa Majeſté, d'après les arrangemens qu'Elle fera prendre à cet égard. Ils emporteront avec eux, les effets qui auront dû leur être fournis par les Colléges, & qui devront conſiſter dans la même eſpèce & dans la même quantité que ceux dont leurs familles les avoient équipés en y entrant; leſdits effets devront être en bon état, & l'Inſpecteur général en fera la viſite, pour s'aſſurer que les Colléges auront rempli leurs engagemens ſur cet objet.

21.

LES Élèves-cadets-gentilshommes, ſeront de plus fournis en arrivant aux régimens, par les ſoins des États-majors deſdits régimens & aux dépens des fonds de l'École militaire, d'un habit uniforme complet, tel qu'il eſt réglé dans l'Ordonnance concernant les Cadets-gentilshommes.

22.

L'INSPECTEUR, ou à ſon défaut le Sous-inſpecteur général rendra, après le concours, au Secrétaire d'État ayant le département de la guerre, un compte détaillé de tout ce qui ſe ſera paſſé audit concours, & lui adreſſera l'état des Élèves qui, préſentés au concours, n'auront point été

28. Mars 1776.

169.

été admis dans les Cadets-gentilshommes, & devront ſubir un ſecond examen l'année ſuivante. La penſion de ceux de ces Élèves qui ne ſeront point du collége de Brienne, & qui reſteront dans ce Collége juſqu'au ſecond examen, ſera payée audit Collége, à raiſon de ſept cents livres par an, pour chacun d'eux.

TITRE V.

Des Élèves qui ſe deſtineront à l'état Eccléſiaſtique ou à la Magiſtrature.

ARTICLE PREMIER.

SA MAJESTÉ voulant donner à ſa Nobleſſe des preuves plus étendues de ſa bienveillance, Elle a réſolu, indépendamment des ſix cents Élèves qu'Elle placera dans les nouveaux Colléges, de rétablir dans celui de la Flèche, l'ancienne fondation faite par Henri IV, en faveur de cent pauvres Gentilshommes, laquelle n'a jamais été remplie, & Elle rendra inceſſamment une Déclaration à ce ſujet.

2.

CES cent places ſeront particulièrement deſtinées pour les enfans nobles, dont les pères auront rendu des ſervices à l'État, dans les charges de la Magiſtrature ou autres, & qui ſe deſtineront à ſuivre la même carrière, ou à embraſſer l'état Eccléſiaſtique : L'éducation qu'on donnera dans ledit collége de la Flèche, ſera relative à l'une & à l'autre de ces deſtinations, & ſur un autre plan que celle qui eſt fixée pour les Colléges militaires.

3.

LES Élèves des Colléges militaires, dont la vocation ou les diſpoſitions ſe tourneront, à l'âge de douze ou treize ans au plus tard, vers l'état Eccléſiaſtique ou la Magiſtrature, ſeront envoyés au collége de la Flèche, juſqu'au nombre de cinq ſeulement par année, ſur la demande qui en sera faite par leurs familles au Secrétaire d'État ayant le département de la guerre, & sur le compte qui lui sera rendu des dispositions desdits Élèves, par l'Inspecteur général, les Supérieurs & Principaux desdits Colléges militaires.

4.

SA MAJESTÉ s'expliquera, dans la Déclaration qu'Elle rendra concernant ledit collége de la Flèche, sur la manière dont lesdits Élèves y seront entretenus, sur le temps qu'ils y resteront & sur les secours ultérieurs qu'Elle leur donnera, pour leur faire étudier le Droit ou la Théologie.

TITRE VI.

Discipline & police intérieure des Colléges. Correspondance desdits Colléges avec le Secrétaire d'État ayant le département de la guerre. Visites desdits Colléges par l'Inspecteur & le Sous-inspecteur général.

ARTICLE PREMIER.

SA MAJESTÉ abandonne aux lumières & au zèle des Ordres religieux & Congrégations ecclésiastiques, auxquels Elle confie l'éducation des Élèves jeunes Gentilshommes, tous les détails intérieurs de la discipline des Élèves, la division de l'emploi des journées, & le choix des méthodes d'enseignement; Elle se réserve de juger, d'après les comptes qui seront rendus par l'Inspecteur général & le Sous-inspecteur, lors de leurs visites des Colléges, par le résultat des concours, & sur-tout par la manière dont les Élèves de chaque Collége se conduiront, quand ils seront placés dans ses Troupes, de la préférence qu'Elle doit donner aux méthodes de tel ou tel Collége, en les adoptant alors

28. Mars 1776. 170.

par un règlement auquel Elle obligera tous les Colléges de se conformer.

2.

Les Élèves ne pourront jamais, sous quelque prétexte que ce soit, & à telle proximité que puissent se trouver les Colléges, de la demeure de leurs familles, sortir desdits Colléges pour aller chez leurs parens.

3.

Les Supérieurs & Principaux des Colléges, rendront tous les trois mois, au Secrétaire d'État ayant le département de la guerre, & à l'Inspecteur général, un compte détaillé de la situation de leur Collége, & des progrès des Élèves; bien entendu que s'il se présentoit dans l'intervalle, des évènemens qui méritassent son attention, ils n'attendroient pas ce terme pour l'en informer.

4.

Ils écriront aussi, à la fin de chaque quartier, aux familles des Élèves, pour les instruire des progrès de leurs enfans, & leur communiquer la note qu'ils adresseront sur leur compte au Secrétaire d'État ayant le département de la guerre. Sa Majesté se promet que les encouragemens & les bons avis que leurs familles leur donneront, concourront à réveiller ou à augmenter leur application, & à seconder les soins des Instituteurs auxquels ils sont confiés.

5.

L'Inspecteur & le Sous-inspecteur général, feront tous les ans la visite des Colléges, pour s'assurer de l'exécution du présent Règlement, sur tous les objets, & en rendre compte à Sa Majesté.

6.

Veut & ordonne Sa Majesté que le présent Règlement soit envoyé incessamment aux Ordres religieux ou Congrégations, chargés des nouveaux Colléges, & nommément, aux Supérieurs & Principaux qui seront à la tête de ces Colléges : Entend aussi Sa Majesté qu'il soit répandu & publié dans son Royaume, afin que la Noblesse en ait connoissance.

FAIT à Versailles le vingt-huit mars mil sept cent soixante-seize. *Signé* LOUIS. *Et plus bas*, SAINT-GERMAIN.

A PARIS,
DE L'IMPRIMERIE ROYALE.

M. DCCLXXXI.

www.ingramcontent.com/pod-product-compliance
Ingram Content Group UK Ltd.
Pitfield, Milton Keynes, MK11 3LW, UK
UKHW020231180726
13838UKWH00005B/2315